Henri GAILLARD

La
Question Juive

PARIS

ÉDITION DE LA " RÉPUBLIQUE DE DEMAIN "

111 ter, Rue d'Alésia

—

1900

Prix : 1 franc

A LA MÊME LIBRAIRIE

Du même auteur :

Le Jugement du Silence (3e mille) 3 50

Contes de la Vie Silencieuse . . . .   2 »

Passions Silencieuses . . . .   2 »

SOUS PRESSE :

Regards sur la Vie 3 50

Henri GAILLARD

La

Question Juive

PARIS

ÉDITION DE LA " RÉPUBLIQUE DE DEMAIN "

111 ter, Rue d'Alésia

—

1900

LA
QUESTION JUIVE

<center>~~~~~</center>

I

Elle s'est posée aux premiers âges de la civilisation. Elle s'est posée dans la suite des siècles. Elle se pose avec plus d'impérieux à cette aurore du vingtième siècle qui luit à l'horizon.

Pourquoi cette question est-elle immémoriale, pourquoi semble-t-elle devoir se poser à travers toutes les générations ?

Parce que c'est la question même de l'Humanité, parce que c'est le différend d'Abel avec Caïn qui n'est pas encore résolu.

Parce que l'Homme n'est pas devenu meilleur, ainsi que Dieu le veut ; parce qu'il se méprend sur ce qu'il croit bon ; parce qu'il est toujours le jouet de l'erreur, la victime de sa propre suffisance, qu'il s'obstine dans le mal malgré qu'il prétende au bien.

Regardez-moi ces mots qui étincellent au soleil sur les murs de la ville : *liberté, égalité, fraternité*, et qui peuvent se résumer en un seul qui les condense tous : *bonté*.

Bonté envers soi-même et envers les autres.

Ils signifient le sublime dans la perfection de l'Homme,

ils indiquent que la France est la terre promise du bonheur social, de l'amour des hommes.

Hélas! Ils sont simplement l'oriflamme du mensonge, l'artifice de la méchanceté qui persiste à vouloir gouverner le monde.

Rien de plus.

Mais laissons-les tout de même. Ils sont de si bel effet, et puis, ils parlent au cœur des enfants. Et ces enfants, quand ils seront grands, se révolteront de voir que la réalité n'est pas conforme à leur rêve, et comme nous avons des générations pratiques, comme l'enseignement des professeurs moderne est devenu plus humain, qu'il infuse plus de conscience de soi-même, qu'il imbibe de plus d'altruisme, que cet enseignement fait lentement son travail de goutte d'eau, nous pouvons espérer que cette devise qui brille aux frontons publics se justifiera dans la République de demain.

II

Reprenons la question; mais ne l'abordons que telle qu'elle est en interrogation à l'heure présente, car c'est ainsi qu'elle s'impose à l'attention du penseur du moment.

La question Juive n'a commencé à atteindre une acuité évidente que lorsqu'un écrivain catholique, qu'on suppose d'origine *judaïque*, j'appuie à dessein sur le mot, Edouard Drumont, eut l'idée de s'en servir pour sortir du néant où sa plume le faisait végéter, pour y trouver aussi un profit pécuniaire et une renommée assez à la hauteur de son incommensurable orgueil.

Je ne crois pas qu'un chrétien, un vrai chrétien, un fidèle à la lettre des doctrines de Jésus, se fut jamais résolu à entreprendre une telle campagne, si antihumaine, si sauvage, si démoniaque, si honteuse pour la France.

Sans doute, Jésus, sur le seuil du Temple, avait l'énergique tour de bras, le hautain geste qui fouette et qui chasse les marchands sacrilèges, les bas vendeurs d'orviétans. Mais Jésus agissait en connaissance de cause et ne s'en prenait qu'aux trafiquants honteux.

Tandis que lui, Drumont, a déchaîné les haines, toutes les colères des envieux déçus, des ambitieux retorqués, des gogos plumés contre toute une race, qui n'en peut mais.

Le divin Galiléen défendait la dignité humaine, les intérêts des frères, la moralité publique. Il était Juif et il savait discerner chez les Juifs les Bons d'entre les Mauvais. Il était dans la Vérité et dans la Justice. Il enseignait que tous les troupeaux humains se ressemblent, qu'il y a partout douces brebis et moutons galeux. Après lui, dans chaque pays, le même fait a été constaté par les philosophes, les libres écrivains. Et maintenant encore les Journalistes, les Législateurs, les Révolutionnaires sont obligés de signaler les abus et les tripotages. Comme ils savent à qui incombent les responsabilités, qu'ils ne craignent pas de fouailler les coupables, ils ne font pas autrement que Jésus.

Mais l'Antisémite?

Il spécule sur les tristes passions humaines. Il s'enrichit, se fait une puissance aux dépens de la décadence nationale qu'il souhaite peut-être, à moins qu'il ne s'en doute pas dans son inconscience malheureuse.

Mais puisqu'il est méchant, il sait ce qu'il fait. C'est un néronien et un sadiste. Il éprouve d'âpres jouissances à voir piller les magasins, saccager les maisons, brûler les granges, refuser du pain et de l'instruction aux enfants hébreux. Et peut-être, derrière des fenêtres, enlacé en quelques bras de chrétienne luxurieuse, il délire, à contempler dans la rue le spectacle des belles filles juives, qu'on trousse, qu'on met nues, qu'on flagelle, et qu'on viole aussi — ce qui est tout de même une singulière façon de témoigner de l'amour à des êtres pour lesquels on prétend ressentir de la haine.

L'Antisémite est surtout un roublard.

Il est violent et cabotin, parce que la violence impose aux timorés, que le cabotinage séduit les badauds, et qu'ainsi il se fait des partisans innombrables, foule de braves gens, doux et bons la plupart, qui croient faire preuve d'indépendance d'esprit en le suivant dans sa prétendue révolte contre les puissances d'argent.

III

Ecartons donc l'Antisémite de la question. C'est un champignon vénéneux du fumier social tout comme l'anti-chrétien, l'anti-catholique, l'anti-protestant, l'anti-royaliste, l'anti-impérialiste, l'anti-républicain, l'anti-n'importe quoi, tous ceux qui sont contre quelque chose hormis contre eux-mêmes.

Aussi bien il ne servira pas à la résoudre.

Ne lui vouons aucune haine. Ne lui voulons pas mal de mort. Mais employons-nous à desiller les yeux de la foule, à l'éclairer sur les vraies causes et sur les raisonnables conséquences. Montrons que l'Antisémite est autant la honte de la race chrétienne que le Juif rapace et trop impitoyable l'est de la race sémite.

IV

Le malheur des hommes, leur malheur fréquent est de ne pas savoir discerner les nuances de tous les faits vitaux, de déduire du particulier au général et réciproquement. Cette vérité, pour être de M. de la Palice lui-même, n'en est que plus oubliée ou ignorée.

Je me mets à contempler un spectacle du moyen-âge.

Voici un Juif, have et sordide, d'une laideur repoussante parce qu'il a laissé pousser sa barbe, qu'il ne s'est pas lavé. Il a des yeux intelligents et cependant ces yeux n'osent pas regarder en face; ils ont le clignottement caractéristique du chien qui a la terreur d'être battu. Ce Juif s'aventure lentement, craintivement, hors d'une ruelle sale et puante, la *rue aux Juifs*, le ghetto.

Des marmousets s'enfuient à son approche, des chiens aboient à la mauvaise odeur qu'il dégage. Des commères ferment vivement leurs portes, lui montrent le poing en se signant: Jésus, Marie, Joseph. Seuls les artisans, aux bras nus, du fond de leurs échoppes le gouaillent de sobriquets infâmants. Le malheureux, marche quand même, tremblottant à chaque pas. — Soudain, sur la route; retentit le galop rapide d'un coursier fringant. Il porte un brillant cavalier qui étincelle de beauté, de bel habit et de chamarres. A la vue du Juif, d'un nerveux coup de bride, il met son cheval en arrêt et avec agilité saute sur le sol. Cette fois le Juif cesse d'être secoué de son tremblement convulsif. Ses yeux semblent luire d'une joie malicieuse.

Le noble personnage s'en approche avec une obséquiosité qui déroute le forgeron d'en face, qui effraie la bourgeoise du balcon voisin. Il parle au Juif, sans se courber, toque sur la tête, avec la hauteur orgueilleuse des nobles, mais cependant on dirait qu'il semble supplier. Et tout à coup, il appelle un manant qui revient du labour, sa houe sur l'épaule, lui ordonne de tenir sa bête. Et il suit le Juif, marche à côté de lui, semble en quelque sorte son protecteur, affecte de braver les préjugés. Il entre dans le ghetto, pénètre dans le taudis du Juif. On s'assied sur de vieux escabeaux autour d'une table de bois crasseuse. Une fille, belle comme Rachel, dispose de quoi écrire. Le noble seigneur écrit, signe, appose son sceau. Et le Juif des fonds d'un coin empli de chiffons, de livres, de ferraille, apporte des sacs de beaux écus d'or, qui sonnent la fanfare de la vie.

Voici donc le noble devenu l'obligé du Juif.

Le Juif n'a pas volé, notez-le bien. Il a cherché, il a travaillé comme il a pu, mais il a amassé, il a eu la bonté de prêter à plus riches que lui. Seulement, comme Il est de la doctrine économiste qui dit que toute peine mérite salaire : il a inventé pour se payer le taux d'intérêt, l'usure. Ce n'est pas loyal, dites-vous. C'est à voir. Ce qui demeure, c'est que le seigneur accepte, donne sa parole d'honneur de satisfaire aux conditions stipulées, autrement, c'est lui qui ne serait plus loyal. Or, les seigneurs de réelle noblesse tiennent toujours leur promesse. Le Juif est donc toujours remboursé. Il amasse, amasse. Puisque la prévention publique, la haine fanatique l'empêche de faire autre chose, il devient un homme d'argent, acquiert à son maniement une science profonde de la spéculation, arrive à posséder le génie même du commerce.

Pendant ce temps, le seigneur, le bourgeois qui singe le seigneur, mangent leur argent en « nopces, festins et bombances. »

Le Roi lui-même tombe souvent dans ce que nous appelons de nos jours une vulgaire purée. Quand il estime que sa dignité lui interdit d'emprunter, il a dans son arsenal toute prête une bonne petite confiscation pour raison d'Etat, une perverse spoliation sous prétexte de moralité publique.

De sorte que ce sont les rois les voleurs et les Juifs les volés.

Le roi, fils aîné de l'Eglise, pourrait très bien lui demander l'argent qui lui manque. Mais l'Eglise aussi a ses besoins. Elle regrette souvent de ne pas pouvoir obliger le royal emprunteur.

Il est vrai qu'il y a des rois sacrilèges qui ont osé

prélevé sur les biens du Clergé. Ceux-là sont déjà damnés, tandis que ceux qui eurent l'esprit d'escamoter la bourse d'Israël sont probablement dans les limbes du purgatoire.

Mais j'ai la conviction que Dieu ne permet pas qu'on plaisante ainsi. Il a institué une morale immuable : Rends à César ce qui est à César. A chacun selon ses œuvres. Le bien d'autrui tu ne prendras ni retiendras injustement. C'est le meilleur des commandements divins. Et bien que la Révolution ait affirmé ce principe même, en proclamant le droit sacré de la propriété, les hommes, qu'ils soient de la réaction outrancière ou du pur anarchisme, restent trop heureux de se dire les uns les autres le mot de Proud'hon : « La propriété, c'est le vol ». Et pour être propriétaires, ils se volent à qui mieux mieux. Et voilà le sémitisme et l'antisémitisme aux prises, parce que, selon la théorie darwinienne, il faut que les êtres se mangent entr'eux, que les plus forts se régalent des faibles, et que la civilisation invente des mots pour dissimuler les appétits, pour faire triompher les sophismes, aux dépens des idées.

V

Je continue. Je saute par-dessus les siècles, parmi même le tumulte de 1789-93 qui affranchit l'humanité, rend aux Juifs l'égalité sociale qu'on leur a prise.

Le monde a marché, les idées aussi, l'argent encore plus. Mais si les idées dominent le monde peu à peu, le veau d'or en est l'impérial et tyrannique roi.

Ce veau d'or, c'est la haute banque, la grande finance. C'est quelque chose d'international et d'effrayant, quelque chose d'agité et de stable.

Mais c'est un effet de la vie.

Pour que la vie soit pleine, il faut qu'elle soit large de

toute l'immensité du monde, qu'elle soit libre de toute l'intensité de l'amour.

Voilà pourquoi il ne faut pas de frontières à l'homme. Si, son corps restant à Berlin, son cœur aime à Chicago, son cerveau pense à Paris, sa foi prie à Rome, il est citoyen du monde et que nous importe que son argent soit placé et fructifie à Londres et qu'il achète à Pékin?

Sans relations commerciales entr'elles, sans liens d'amitié réciproques les nations végéteraient sur place. Et il n'est pire fléau pour l'idée nationale, pour le prestige français dans le monde, que le nationalisme sectaire.

Puisque le nerf de l'activité humaine, c'est l'argent, il n'est pas étonnant qu'il soit international, d'autant que l'unité monétaire, idée internationaliste, est désirée par tous les négociants.

Les maîtres du monde sont donc ceux qui détiennent l'argent. Il est inutile de s'insurger là contre. Si Dieu a inspiré à l'Homme le moyen de payer ses besoins, ses échanges, la sueur de son frère avec de la monnaie, qu'y pouvons-nous? Et pourquoi nous révolter que la nature soit grande et belle partout, que le vin soit meilleur en France, la bière plus excellente à Munich et le drap plus solide en Ecosse comme la soie plus fine dans l'Inde. L'argent roule, il ira chercher ce que vous aimez où Dieu lui-même a mis ces excellentes choses.

Or, les plus nombreux de ces maîtres du monde, les plus puissants, ce sont justement les Juifs.

Pourquoi? Parce que vous-mêmes chrétiens, aryens, vous les avez persécutés, vous les avez obligés à se réfugier dans tous les endroits louches, tous les parquets honteux qui sont des officines très appropriées au maniement de l'argent des avares.

A ce maniement-là ils sont devenus de première force.

Mais est-ce les Juifs qui ont créé cette science de l'argent?

Remontez l'histoire et vous verrez que ce sont les aryens, autant ceux de l'époque païenne que ceux de la régénération chrétienne.

Au temps des Patriciens quand les Gracchus lançaient les hordes plébéiennes contre les riches, les ventrus de Rome, quand Juvénal tonnait contre les opulents, les Juifs n'avaient pas encore quitté la Judée.

Ce n'est que lorsque les Hébreux, illusionnés peut-être par le vain mirage d'une mission providentielle, se sont mis à errer par l'humanité et qu'ils se sont vus voués à tous les opprobres, à toutes les malédictions en punition de leur trop absolue confiance dans les grands prêtres de l'espèce de Caïphe, de leur solidarité avec les Pharisiens, en responsabilité aussi de la faiblesse de Ponce-Pilate, ce n'est, dis-je, qu'à ce moment qu'ils ont pris tous les vices ténébreux des ténèbres dans lesquelles on les refoulaient, toutes les passions basses des bas-fonds dans lesquels on les précipitaient.

Il ne faut donc pas s'étonner s'ils ont exagéré sur la perversion aryenne, s'ils ont accentué la corruption inhérente aux races latines et qui se manifeste par accès chez elles tout comme les grandes épidémies.

Ce n'est pas l'infiltration juive qu'il faut accuser de la démoralisation publique. Tout ce qui est abus de richesse, outrance de pouvoir, égoïsme exacerbé de jouissance, mépris des droits de l'homme, est partout l'apanage de ceux qu'on dit grands et nobles, qu'ils soient chrétiens, mahométans, boudhistes ou juifs.

Les Socialistes le comprennent très bien puisqu'ils englobent dans la même réprobation tous les puissants.

Mais les Socialistes ont tort en ce sens qu'ils semblent vouloir démembrer l'humanité par les boulets rouges des luttes de classes contre classes, alors que l'évolution des idées, la transformation des caractères, l'amélioration des consciences, nous ameneront seules à l'harmonie fraternelle et libre, à l'altruisme omnipotent.

VI

La réalisation de ce rêve est encore bien éloignée, malgré que le spectacle de l'héroïque nation boer nous prouve déjà en partie sa possibilité de réussite sur notre planète.

Il nous faut nous armer d'attente patiente, d'action constante et tenace.

D'ici là, pourtant?

A voir que le sectarisme ne se lasse pas, du côté révolutionnaire comme de la droite réactionnaire, on peut désespérer de l'avenir; on peut se sembler à soi-même vaguer dans les illusions aux déceptions cruelles; on peut douter de l'excellence de la cause humaine, et désirer subir sous toute leur influence les ancestraux instincts de brutes, et passer la vie à faire des guerres fratricides pour le plaisir de jouir du mal.

Heureusement que la Providence sait nous relever dans la confiance en notre destinée et dans l'espoir de nos fins meilleures. Elle ne permettra pas la déchéance de l'Humanité.

VII

Et la preuve, je la trouve dans un mouvement très latent, très ignoré, mais très dangereux pour la race aryenne..... à moins que les Juifs ne se mettent à pardonner, à rendre le bien aux méchants.

Ce mouvement, c'est le Sionisme.

Je sais que des Juifs en sourient, le dédaignent, le proclament impraticable. Tel n'est pas mon avis. J'y vois le salut de la nation d'Israël.

Mais je peux en craindre un malheur pour le reste des nations.

Après tout, elles n'auront que ce qu'elles méritent.

Les Sionistes, fatigués des attaques dont les Juifs sont l'objet, voyant qu'on n'a aucune reconnaissance pour le bien que les grands génies comme les nobles cœurs de la progéniture d'Abraham ont fait au monde, estimant qu'ils perdent inutilement leurs forces, prétendent à ramener tous les coreligionnaires en Palestine, à Jérusalem, dans l'antique Sion, et former la nation de Sion.

Ils y seront là en tranquilité et jouiront du bienfait du labeur pacifique sur la terre même des ancêtres. Comme les Juifs sont riches plus que les rois, qu'ils ont des valeurs intellectuelles et morales plus sérieuses souvent que celles de bien des peuples, vous voyez d'ici à quelle puissance formidable arriverait cette nation reconstituée, ce rassemblement énorme de tous les Juifs errant à travers la terre.

Les Antisémites pourront célébrer à loisir le bon débarras. Mais les commerçants, mais les ouvriers, les employés, tous les travailleurs que fait vivre l'infatigable commerce des Juifs, de quel œil accepteront-ils cette émigration trop justifiée, hélas !

Et lorsque la République de Sion fonctionnera comme le plus grand des Etats, comme le plus somptueux, comme le plus heureux, comme ayant en abondance les fruits de la terre et les produits de la sueur de l'homme, quelle tête feront les nations ?

Les Hébreux ont voulu vagabonder de par le monde à la recherche de la Terre Promise. Et ils n'ont pas su comprendre que cette Terre Promise, c'était leur patrie nourricière, c'était la Palestine si blanche et si belle, et si méconnue. Et c'est pour cela qu'ils ont souffert à travers les Siècles.

Maintenant, ils se rendent compte. C'est de l'Orient que vient la Lumière d'intelligence, c'est près du rocher d'Oreb que poussent les purs oliviers de paix, et les cèdres de bon labeur s'abattent au Liban, et la musique éclatante des joies ne résonne que dans les vallons de Gethsémani. L'Europe, l'Amérique sont trop vilaines et trop méchantes. On pense à la patrie quittée par les pères. Qu'on y prenne garde. C'est un mouvement qui se dessine. Il sera grandiose. Tant pis pour les aryens. Mais cette fois au moins l'Humanité pourra être sûre d'être tranquille parce qu'elle aura ouvert les yeux et reconquis sa raison.

1181. — Imp. d'Ouvriers Sourds-Muets, 111 ter, rue d'Alésia, Paris.

IMPRIMERIE DE SOURDS-MUETS
111 ter, RUE D'ALÉSIA, PARIS